용서해줄 수 있겠니?

임승옥 지음

베다니출판사

이 책 본문에 나오는 성경 말씀은
저자가「현대인의 성경」(생명의 말씀사 발행)을 사용하였음을 알려드립니다.

용서해줄 수 있겠니?

지은이 | 임승옥

1쇄 인쇄 | 2018년 11월 1일
1쇄 발행 | 2018년 11월 15일

펴낸곳 | 베다니출판사
펴낸이 | 오생현
등록일 | 1992. 5. 6(제3-413호)

주소 | 서울시 송파구 새말로10길 18-1, 베다니하우스 4층 (우편번호 05810)
전화 | (02) 448-9884~5
팩스 | (02) 6442-9884
전자우편 | bethanyp@hanmail.net
홈페이지 | http://www.bethany.co.kr
북 카 페 | cafe.naver.com/bethanybooks

Copyright ⓒ 베다니출판사 2018
All rights reserved

책값 6,000원

ISBN 978-89-5958-224-2 (03230)

- 이 책은 저작권법에 따라 보호받는 저작물이므로 무단 전재와 무단 복제를 금합니다.
  이 책의 전부 혹은 일부를 이용하려면 저작권자 및 베다니출판사의 동의를 받아야 합니다.
- 잘못된 책은 구입하신 곳에서 교환해 드립니다.
- 이 도서의 국립중앙도서관 출판시도서목록(CIP)은 e-CIP 홈페이지(http://www.nl.go.kr/ecip)에서 이용하실 수 있습니다.(CIP제어번호: CIP2018033927)

| 추천의 글 ❶ |

　아픔과 상처가 가득한 세상 속에서 진정한 기독교인으로서 하나님이 허락하신 구원을 이루어가는 모습은 과연 어떤 것일까요. 우리의 일상생활 속에서 어렸을 때부터 받아온 수많은 상처를 어떻게 회복하여 주님이 허락하신 자유와 기쁨을 누리는 모습은 과연 어떤 것일까요. 우리의 부족한 모습을 가지고 어떻게 주님께 영광 돌릴 수 있는 것일까요.

　이 질문에 대한 대답이 바로 이 책자에 담겨 있습니다.

　이 책은 임승옥 사모님의 잔잔한 고백이 담긴 신앙 고백입니다. 겸손하고 열린 자세로 하나님의 음성에 귀를 기울이고 또 자신의 내면을 돌아보며 묵상하시는, 그리고 하나님께서 지혜를 주시고 말씀을 주시면 그대로 순종하는 모습이 담긴 귀한 책입니다. 자신의 생활 속에서 치유, 용서, 회개, 관계회복이 어떤 과정을 통해 구체적으로 어떻게 일어나는지를 가르치는 교과서입니다. 있는 그대로의 피조물로서의 자신의 삶을 드러내심으로써 어떻게 하나님께 영광을 돌리며, 독자들을 조용히 이렇게 함께 나누며 살자고 초청하는 간증의 책자입니다.

임승옥 사모님을 만나 사역에 대한 소식, 간증을 들을 때마다 깜짝 놀랍니다. 제가 상상해 본 이상적인 진정한 치유의 공동체, 구원을 이 세상 가운데 이루어가는 공동체가 현실 속에 세워지는 모습이 보이기 때문입니다.

아픔 때문에 힘이 드십니까? 수치심, 두려움, 거절감으로 어둠 속에 숨어 계십니까? 주님 안에서 치유 받는다는 것이 구체적으로 어떤 것인지 알고 싶으십니까? 어떻게 사는 것이 진정한 신앙생활인가 고민하고 계십니까?

이 책에 담긴 임승옥 사모님의 삶 속에서 그 대답을 발견하시길 바랍니다.

_ 최경아 박사(Amy Choi, Ph.D. 상담소 대표/California State Hospital 임상 심리학자)

| **추천의 글 ❷** |

임승옥 사모님의 기도 사역을 가까이 지켜볼 기회가 있었습니다. 밤 늦도록 한 영혼의 치유를 위해 해산의 고통을 감당하는 모습을 보며 큰 감동과 도전을 받았습니다.

사모님께서 그동안 해오신 사랑의 치유 사역을 정리한 이 책이 많은 사람들의 치유와 회복에 큰 도움이 되리라 확신합니다. 특히 용서에 대한 사모님의 간증과 기도는 마음 속 깊숙이 자리잡은 쓴뿌리와 상처를 제거하는데 큰 도움이 될 것입니다.

이 책을 통하여 회복을 경험하고 주 안에서 자유와 기쁨을 누리시기를 기도합니다.

_ 노미영 사모(미국 남가주 사랑의 교회)

Contents

추천의 글 ······ 3
프롤로그 ······ 8

1부 ♥ 주님과 함께 ······ 11

간증을 통해 일으켜 세우다 • 12   24시간 주님 생각하기 • 15
내 목소리를 들으라 • 17   감사의 노래를 부르자 • 19
거절감을 치유 받고 • 23   나는 착하지 않아 • 25
수치심과 두려움 • 30   선약 지키기 • 33
마음과 생각 지키기 • 34   사랑이 필요해요 • 36
사모님의 사역은 치유사역이 아니네요! • 40
다시 돌려드려요 • 42   주님과 함께 가는 길 • 44

2부 ♥ 용서해줄 수 있겠니? ······ 47

용서치 못하고 있음을 발견하다 • 48
용서치 못함이라는 묶임 • 50   너도 그 사람의 상황을 모른다! • 53
용서함으로 건강이 회복되다 • 56   용서해줄 수 있겠니? • 58
딸에게서 드디어 용서를 받다 • 61   용서와 축복을 선포하라! • 64

3부 ♥ 상담 ··· 69

사탕 세 알 • 70 기도가 안 돼요 • 74 건강 염려증 • 77
분노의 뿌리 • 79 분노의 견고한 진 • 82 말말말!! • 84
낭비가 없는 고난 • 87

4부 ♥ 기도 ··· 91

믿음의 기도 • 92 기도의 능력 • 96 중보기도의 능력 • 99
하나님과의 친밀함을 경험하는 시간 • 100
기도 선포의 중요성 • 103

부록 ♥ 기도문 ·· 105

회개기도 • 107 용서기도 • 108
고백하고 포기하는 기도 • 109
하나님과 관계회복을 위한 기도 • 110

에필로그 ············ 111

프롤로그

저의 간증 책 「우리 동네 중보팀은 날마다 응답이다」가 출간된 지 6년이 지났습니다. 그 후에 「재 대신 화관」 성경공부 학생용과 인도자용 교재가 출간되었습니다.

지난 10여 년간 '재 대신 화관'이라는 여성 회복사역을 해오면서 용서하지 못해 힘들어 하는 많은 여성들의 사례들을 보았습니다. 그러면서 다음에 기회가 생기면 「용서해줄 수 있겠니?」라는 제목으로 책을 출간해야겠다는 생각을 했습니다.

저는 간증을 나눌 때 가장 기쁩니다. 그들의 삶 가운데 하나님께서 행하신 일들을 나누면서 독자들에게도 같은 역사가 일어나길 기도합니다.

이번에도 간증을 여러 사람들과 나누면서 정리한 글들을 「용서해줄 수 있겠니?」라는 작은 책으로 출간하게 되어서 너무나 기쁩니다.

최근에는 '재 대신 화관' 세미나에 참석은 하지 않았지만, 「재 대신 화관」 성경공부 교재로 공부를 하시는 분들이 많아져서 이러한 상담 사례와 간증 글들이 도움이 될 것으로 생각합니다.

이 글을 읽는 모든 분들도 제가 경험했던 하나님을 더 친밀하게 느끼고 만나는 계기가 되길 소원합니다.

늘 뒤에서 든든히 격려해주는 남편과 나의 사랑스러운 두 딸, 사위에게 감사를 드립니다.

모든 영광을 주님께 돌려드리며…

_ 2018년 10월

임승옥(Grace Im)

1부

주님과 함께

간증을 통해 일으켜 세우다
24시간 주님 생각하기
내 목소리를 들으라
감사의 노래를 부르자
거절감을 치유 받고
나는 착하지 않아
수치심과 두려움
선약 지키기
마음과 생각 지키기
사랑이 필요해요
사모님의 사역은 치유사역이 아니네요!
다시 돌려드려요
주님과 함께 가는 길

간증을 통해
일으켜 세우다

사도행전 3장 6절에 성전 문 앞에서 걷지 못하는 사람에게 베드로가 외치는 모습이 나온다.

"… 은과 금은 내게 없지만 내가 가진 것을 너에게 준다. 나사렛 예수 그리스도의 이름으로 걸으라!"

이 말을 하면서 베드로는 그 사람의 오른손을 잡아 일으켜 세웠다.

나는 간증을 통해 다른 사람을 일으켜 세우기를 기도한다. 나는 간증을 나눌 때 가장 기쁘다. 전도를 하거나 기독교의 교리를 설명할 때는 듣는 사람으로 하여금 이 이야기가 과연 맞는가 하는 경계의 마음을 줄 수 있다. 하지만 간증을 들을 때는 간증하는 사람의 개인적인 경험의 이야기여서인지 별로 경계하는 마음이 없이 잘 듣는 것 같다. 그렇게 편안한 마음으로 간증을 듣다가 상대방의 마음이 열렸을 때 나는 자연스럽게 복음을 전하곤 한다.

요한복음 4장에 보면, 한 사마리아 여자의 간증을 통해 그 마을에 사는 많은 사람들이 예수님을 믿은 이야기가 나온다. 그 사람들은 나중에 그 여자에게 이렇게 말한다.

"… 이제 우리가 믿는 것은 당신의 말 때문이 아니라 우리가 직접 이분의 말씀을 들었고 또 이분이야말로 정말 세상의 구주라는 것을 우리가 알게 되었기 때문이오"(요한복음 4:42).

사도행전 4장에 교육을 받지 못한 평범한 사람인 베드로와 요한이 담대하게 말하는 것을 보고 공의회 의원들이 크게 놀라면서 "… 예수의 이름으로 말하지도 말고 가르치지도 말라 …"(사도행전 4:18)고 명령한다. 하지만 베드로와 요한은 "우리는 보고 들은 것을 말하지 않을 수 없습니다"(사도행전 4:20)라고 대답한다.

요한복음 9장에서도 나면서부터 보지 못했던 소경이 예수님에게 고침을 받은 후에 "그분이 죄인인지 아닌지 나는 모릅니다. 그러나 내가 한 가지 알고 있는 것은 소경이었던 내가 지금 보게 되었다는 그것입니다"(요한복음 9:25)라며 자신에게 일어난 일을 간증하는 내용이다.

우리가 서로 나누는 간증들을 통해 다른 사람들도 예수님을 개인적으로 만나는 계기가 될 수 있다면 얼마나 좋을까!

24시간 주님 생각하기

요즘 24시간 주님을 생각하면서 일기를 쓰고 있는데, 큰 도움이 되는 것 같다. 머리로만 생각하고 있던 것들을 글로 쓰니까 종이로 옮겨지면서 주님과도 더 친밀감을 느낀다.

나의 일기를 잠시 소개해 본다.

* * * * *

오늘도 어김없이 새벽 4시에 깨어서 소파에 앉았다.
아~ 오늘부터 24시간 주님을 생각하기로 했지?
"어~ 주님, 안녕히 주무셨어요?"
졸지도 주무시지도 않으시는 주님께 어색한 인사부터 드

렸다. 주님께 정말 감사드린다.

지난 10여 년간 주님이 깨워주시지 않았다면 불가능했던 새벽시간이다. 주님의 이름의 능력을 의지하고 늘 살고 있는데, 사실 그 주님이 24시간 나와 함께 하고 계신다는 사실이 인식되고 인정되어진다면 얼마나 더 기쁘고 능력 있는 삶을 살게 될까.

주님! 우리 부부가 본이 되어서 저희 두 딸도 24시간 주님을 생각하며 살 수 있도록 도와주세요.

주님, 오늘 저와 함께 병원에 정기검진 오셨네요. 주님과 함께 오니까 든든해요. 혼자 온 게 아니니까 외롭지도 않구요. 주님이 점점 더 느껴져요. 감사해요.

위 내시경 하다가 울었어요. 주님이 생각나서요. 이렇게 작은 불편함도 힘이 드는데, 우리 주님은 얼마나 힘드셨을까 하는 생각과 함께 눈물이 흐르더라구요. 그런데 내가 아파서 우는 줄 알고 간호사가 조금만 참으라면서 휴지를 갖다 주더군요. 주님, 수고 많으셨어요. 사랑해요.

내 목소리를 들으라

"²²사실은 내가 너희 조상들을 애굽 땅에서 인도하여 낸 날에 번제나 희생에 대하여 말하지 아니하며 명령하지 아니하고
²³오직 내가 이것을 그들에게 명령하여 이르기를 너희는 내 목소리를 들으라 그리하면 나는 너희 하나님이 되겠고 너희는 내 백성이 되리라 너희는 내가 명령한 모든 길로 걸어가라 그리하면 복을 받으리라 하였으나"(예레미야 7:22-23, 개역개정).

하나님이 우리에게 원하시는 것은 번제나 희생이 아니고, 그분의 음성을 듣고 순종하는 삶이다.

우선 하나님의 음성을 듣는 것이 중요하다. 나에게 무엇을 명령하시는지 알아야 순종할 수 있기 때문이다. 이 세상의 많은 소리 가운데 나에게 말씀하고 계신 주님의 음성을 분별하고 들을 수 있어야 한다.

우리가 주님의 음성을 듣지 못하는 여러 가지 이유 중 하나는, 주님의 음성을 들으려고 시도조차 하지 않음이 아닐까.

내 경우에도, 너무나도 오랜 세월 주님의 음성에 귀 기울이지 않고 살아왔음을 고백하고 회개한다.

"살아 계신 주~" 하고 큰 소리로 찬양을 불렀건만, 정말 살아서 동행하시는 주님을 뒤늦게 깨달았다.

주님의 음성을 들으면 그 말씀대로 순종함이 중요하다. 주님이 하신 명령은 우리에게 가장 최선이기 때문이다.

감사의 노래를 부르자

우리는 참으로 메마른 세상에서 살고 있다. 사실 이전과 비교해 볼 때, 더 많은 것들을 소유하고 있고 더 편리한 세상에 살고 있음에도 마음에는 늘 만족이 없고 기쁨이 없는 것이 요즘 세상의 모습인 것 같다. 왜 그럴까?

시편 100편 4절에서 시편 기자는 감사의 노래를 부른다.

"감사하며 성전에 들어가고 찬송하며 그 뜰에 들어가라. 그에게 감사하고 그의 이름을 찬양하라."

풍요 속에 살아가는 현대인의 삶 속에 오히려 감사가 사라지면서 메마른 삶을 경험하는 것은 아닐까?

사실 우리의 삶을 한 번 돌아보자. 얼마나 감사할 일이 많은가! '받은 복을 세어보라'는 찬송가 가사처럼 지금까지 지내온 것이 주의 크신 은혜임을 하나 하나 세어보면서 감사의 노래를 불러야 할 것이다.

누가복음 17장에 보면, 예수님께서 열 사람의 문둥병 환자를 깨끗하게 고쳐주신 이야기가 나온다.

그런데 고침을 받은 열 사람의 문둥병 환자 중에 단 한 사람만이 예수님을 찾아와 감사를 드린다.

그 때 예수님께서 이렇게 말씀하신다.

"… 열 사람이 다 깨끗하게 되지 않았느냐? 그런데 아홉은 어디 있느냐?"(누가복음 17:17).

빌립보서 4장 6절은 말한다.

"아무것도 염려하지 말고 모든 일에 기도와 간구로 여러분이 필요로 하는 것을 감사하는 마음으로 하나님께 말씀드리십시오."

걱정할 일 대신 기도로 하나님께 올려드리라는 것이다. 그리고 기도할 때 우리의 자세는 감사하는 마음이라고 하신다.

* * * * *

너무나 절망스러운 상황 가운데 있었던 어느 자매는 어느 날 예배 중에 감사에 대한 깊은 깨달음을 얻었다. 자매는 절망할 수밖에 없는 상황이었지만, 그녀는 지금까지 자신의 삶을 인도해 주신 하나님께 감사를 드리기 시작했다. 얼마 지나지 않아 그녀는 상황과 상관없이 감사와 기쁨이 회복되는 경험을 하게 되었고, 그 후에 그녀의 상황들도 나아지기 시작했다.

"절망 중에 있었지만, 감사를 더하니까 기적이 일어나더라구요!"

그녀의 간증으로 나 역시 감사에 대한 귀한 도전을 받은 적이 있다.

오병이어의 기적이 일어나기 전에 예수님께서 사람들을 풀밭에 앉게 하신 후, 보리떡 다섯 개와 물고기 두 마리를 손에 들고 하늘을 바라보며 감사 기도를 드리셨던 모습(마태복음 14:19)에서도 기적을 일으키는 감사의 기도를 생각해 보게 된다.

바울 사도도 그의 편지 곳곳에서 감사를 강조한다.

"그분 안에 깊이 뿌리를 박고 그분을 기초로 여러분의 인생을 건설하며 가르침을 받은 대로 믿음에 굳게 서서 감사가 넘치는 생활을 하십시오"(골로새서 2:7).

"항상 기도에 힘쓰십시오. 기도할 때 정신을 바짝 차리고 하나님께 감사하십시오"(골로새서 4:2).

"모든 일에 감사하십시오. 이것은 그리스도 예수님 안에서 여러분을 위한 하나님의 뜻입니다"(데살로니가전서 5:18).

거절감을 치유받고

이전엔 내게 세미나를 요청하는 곳에는 갔지만, 나를 초청하지 않은 곳에는 당연히 가지 않았었다.

그런데 요즘은 다르다.

세미나를 했던 곳에 종종 연락을 하면서 다시 가서 후속 모임 등으로 도울 일이 있는지 알아보곤 한다. 그러다가 다시 세미나 초청을 받기도 하고, 어떤 곳에서는 안 오셔도 된다는 연락을 받기도 한다.

그럴 때 나는 섭섭해하지만 거절감을 느끼지는 않는다.

'아직은 모임을 할 때가 아닌가 보구나!' 하고 생각한다.

거절감을 치유받은 후의 달라진 나의 모습이다.

이렇게 나 스스로(?) 초청을 받아 후속모임에 가서 깜짝 놀란 적이 한두 번이 아니다. 하나님께서 예비하신 너무나도 귀한 모임을 경험하기 때문이다.

하나님께 나를 사용해 달라고, 빛과 소금이 되고 하나님의 손과 발이 되게 해 달라고 진심으로 기도했던 지난 날, 내게 부족했던 것은 그 장소에 내가 없었던 것이었다.

지금은 거절감을 극복하고 하나님께서 인도하신 곳에서 예비하신 놀라운 일들을 경험하면서 감사와 찬양을 올려드리고 있다.

나는 착하지 않아

나는 둘째딸로 태어나면서 받았던 거절감의 상처가 있었다. 그러나 그 상처를 치유받은 후에 '나는 착하지 않다'라는 거짓을 믿고 있는 내 자신을 발견한 적이 있다.

어릴 때 연년생인 언니와 나는 마치 쌍둥이 같았다. 많은 사람들이 우리 자매에게 "언니는 착하고, 동생은 야무지네"라는 말을 할 때마다 '야무지다'라는 뜻도 잘 몰랐던 나는 어린 마음에 '나는 착하지 않다'라는 거짓을 믿기 시작했던 것 같다.

사람들에게 언니가 '착하다'는 말을 들을 때마다 나도 착하다고 인정받고 싶었던 장면들이 생각이 났다. 거짓을 믿으므로 묶였던 묶임의 뿌리를 찾은 나는 그동안 이 거짓을 믿으므로 생겨난 보호행위가 무엇인가 생각해보았다.

착하다는 말을 듣고 싶어서 착한 것 자체는 좋은 것인데, 묶임에 의해서 착하려고 하니까 힘들었던 게 깨달아졌다. 몸에는 한계가 느껴지는데 착하다는 말을 듣고 싶어서 남을 지나치게 배려하다 보니 힘이 들면서 짜증이 났다. 특히 남을 배려하지 않는 사람을 보면 판단의 생각이 들고 마음속으로 화도 냈다.

나는 먼저, 회개기도를 드렸다.

상처는 아프기 때문에 우리는 자신도 모르는 사이에 우리 자신을 보호하는 행동을 하게 된다. 이러한 보호행동들은 대부분 죄악된 행동들이다. 죄로 연결되기가 쉽다. 이러한 죄를 틈타서 악한 세력들이 우리를 공격하기 때문에 회개함으로써 악한 세력에게 주었던 모든 근거를 철회하는 것이 중요하다. 죄는 회개할 때 소멸되기 때문이다.

나의 죄악된 행위 (나 스스로 착하려고 노력했던 것, 짜증, 판단, 분노)를 고백합니다. 이 죄악된 행위를 회개하고 나의 보호자, 공급자, 그리고 나의 필요와 갈급함을 만족케 하시는 주님께 놀아갑니다. 예수님의 이름으로 이 죄악된 행위를 통해서 사탄이 얻었을지도 모르는 어떠한 근거도 철회합니다. 이 죄악된 행위로 다시 빠지지 않고 승리할 수 있게 하시는 성령의 능력과 충만함을 기도합니다. 예수님의 이름으로 기도합니다. 아멘.

두 번째로, **용서기도를 드렸다.**

어릴 때 "언니는 착하고, 동생은 아무지다"라고 말하셨던 많은 분들이 잘못을 한 것은 아니지만, 그 당시로 돌아가서 그분들을 용서하였다. 그리고 용서하면서 그러한 거짓을 믿으면서 보호행동을 하며 시작되었던 묶임을 끊는 기도를 드렸다.

 주님, 많은 분들이 저를 힘들게 했습니다. 제 마음에 상처가 없어지면 좋겠습니다. 그를 용서합니다. 그를 축복해 주십시오. 예수님의 이름으로 기도합니다. 아멘.

세 번째로, 힘들고 아팠던 상처의 감정과 그러한 상처로 인하여 믿어왔던 거짓들과 보호행동들을 고백하고 포기하는 기도를 드렸다.

예수님의 이름으로, 나는 내가 믿었던 내 자신에 대한 이름인 '나는 착하지 않다'라는 거짓, 스스로 착하려고 노력했던 것, 짜증과 판단과 분노를 거절합니다. 예수님의 이름으로 명하노니 어릴 때 언니가 착하다는 말을 들으면서 믿게 된 '나는 착하지 않다'라는 거짓, 스스로 착하려 노력했던 것, 짜증과 판단으로 공격하는 악한 영은 떠나갈지어다! (평강과 확신이 올 때까지 계속 외친다.) 나는 내가 이 이름을 받아들였을 때 사단이 얻었을지도 모르는 어떠한 근거도 철회합니다. 그리고 나는 하나님의 소중한 딸이라는 주님이 내게 주신 의로운 이름을 믿습니다. 예수님의 이름으로 자유를 선포합니다. 예수님의 이름으로 기도합니다. 아멘.

마지막으로, 하나님과의 관계 회복을 위한 기도를 드렸다.

예수님의 이름으로, 나는 하나님이 '내가 착할 때 나를 더 사랑하신다'라는 거짓을 물리칩니다. 나는 내가 이 거짓을 믿었을 때 사탄이 얻었을지도 모르는 어떠한 근거도 철회합니다. 그리고 나는 하나님이 '내가 죄인되었을 때에 이미 나를 사랑해 주신 분'이라는 하나님에 대한 진리를 믿습니다. 예수님의 이름으로 자유를 선포합니다. 예수님의 이름으로 기도합니다. 아멘.

수치심과 **두려움**

"⁸그들이 날이 서늘할 때에 동산에 거니시는 여호와 하나님의 음성을 듣고 아담과 그 아내가 여호와 하나님의 낯을 피하여 동산 나무 사이에 숨은지라
⁹여호와 하나님이 아담을 부르시며 그에게 이르시되 네가 어디 있느냐
¹⁰가로되 내가 동산에서 하나님의 소리를 듣고 내가 벗었으므로 두려워하여 숨었나이다"(창세기 3:8-10, 개역한글).

죄가 들어옴으로 부끄러움(수치심)과 두려움이 생겨난 안타까운 모습이다.

상담을 하다 보면 많은 분들이 주님이 그들을 용서해 주

신 것은 믿으면서도 여전히 죄책감과 수치심에 괴로워하는 모습을 보게 된다. 하나님은 우리의 죄를 사해 주셨고, 구원의 옷과 공의의 겉옷(이사야 61:10)을 입혀 주셨다.

죄책감과 수치심 속에서는 찬송이 나올 수가 없다. 주님이 주신 의의 의복을 입을 때, 드디어 즐거움이 찾아오고 찬송이 흘러나오는 것이다. 특히 이 옷을 매일 입는 것이 중요하다.

> "⁸여호와는 자비롭고 은혜로우시며 쉽게 화를 내지 않으시고 사랑이 풍성하신 분이시니
> ⁹항상 책망만 하지 않으시고 화를 영원히 품지 않으시리라.
> ¹⁰그가 우리의 죄에 따라 처벌하지 않으시고 우리의 잘못을 그대로 갚지 않으시니
> ¹¹하늘이 땅에서 높은 것같이 자기를 두려워하는 자들에 대한 그의 사랑이 크기 때문이다.
> ¹²동이 서에서 먼 것 같이 그가 우리 죄를 멀리 옮기셨으며

¹³아버지가 자식을 불쌍히 여기시듯이 여호와께서 자기를 두려워하는 자를 불쌍히 여기시니

¹⁴우리가 어떻게 만들어진 것을 아시며 우리가 먼지에 불과한 존재임을 기억하심이라"(시편 103:8-14).

🌿 선약 지키기

언제부터인가 나는 미리 한 선약은 깨지 않는 것을 원칙으로 하고 있다. 갑자기 급한 일이 생길 때 미리했던 선약을 취소하기도 했었는데, 어느 날 하나님께서 주신 깨달음이 있었다. 덜 급하고 덜 중요해 보이는 약속 안에 하나님의 계획이 있을 수 있다는 깨달음이었다.

우리 믿는 자에게 우연이라는 것이 있을까?
스케줄의 달인이신 하나님께 나의 모든 스케줄을 맡겨 드린다.

🌿 마음과 생각 지키기

"⁴여러분은 주님 안에서 항상 기뻐하십시오. 내가 다시 말합니다. 기뻐하십시오.

⁵모든 사람을 너그럽게 대하십시오. 주님께서 오실 날이 가까왔습니다.

⁶아무것도 염려하지 말고 모든 일에 기도와 간구로 여러분이 필요로 하는 것을 감사하는 마음으로 하나님께 말씀드리십시오.

⁷그러면 도저히 상상도 할 수 없는 하나님의 놀라운 평안이 그리스도 예수님 안에서 여러분의 마음과 생각을 지켜 주실 것입니다"(빌립보서 4:4-7).

빌립보서 4장 4절에서 바울 사도는 빌립보 성도들에게

"항상 기뻐하라"고 권면한다.

우리가 지금 기쁘지 않다면, 우리는 그 원인을 찾아야 할 것이다. 원인을 찾은 후에 회개할 일이 있다면 회개하고, 용서할 일이 있다면 용서하고, 버려야 할 감정이 있다면 버리는 기도를 선포해야 할 것이다.

6절에 보면, 아무것도 염려하지 말고 기도와 간구를 하라고 하신다. 우리는 걱정과 근심을 묵상하지 말아야 한다. 하나님의 말씀을 묵상해야 한다. 기도할 때는 감사하는 마음으로 기도하라고 하신다. 사실 우리의 삶을 돌아볼 때 얼마나 감사한 일이 많은 지 모른다.

이렇게 할 때 7절에서 약속하신 하나님의 놀라운 평안이 우리의 마음과 생각을 지켜주심을 경험하게 될 것이다.

사실 영적전쟁은 멀리서 일어나는 것이 아니다. 지금 이 시간에도 우리의 마음속에서 치열하게 일어나고 있다. 우리의 마음과 생각을 지키는 일이 참으로 중요하다.

사랑이
필요해요

우리는 다른 사람들(배우자, 자녀, 부모님 등)을 바꿀 수 없다. 이 사실을 받아들이는 것이 매우 중요하다.

우리 스스로는 결코 다른 사람을 바꿀 수 없음을 인정하고, 그 짐을 하나님께 맡겨드리고 오히려 그들을 사랑하고 용납할 때 드디어 참 변화가 시작될 것이다. 그들은 변화의 대상이 아니고, 사랑의 대상이기 때문이다.

마지막 때의 특징 중 하나는 사랑이 없는 것이다. 모두가 이기적이다. 사랑이 가장 목마른 이 때에 사랑받고 용납되어 드디어 마음이 열리고 변화되었다는 간증을 들으면서도, 서로에게 나누어 줄 그러한 사랑이 없다는 것이 문제다. 매일 매일 하나님의 사랑을 부음 받아서 다른 사람에게 나누어 주는 삶이 중요하다.

한 자매와 양육공부를 하면서 무척 힘든 적이 있었다. 6개월여간 함께 열심히 공부를 하는데도 삶의 변화가 느껴지지 않았다.

그러던 어느 날 자매가 갑자기 이사를 가게 되었다. 나는 속으로 '자매가 양육받을 준비가 안 되어서 하나님이 자연스럽게 인도하시는구나'라고 생각했다.

그리고 1년이 지났다. 새벽에 기도를 하는데, 갑자기 그 자매가 떠오르면서 자매를 사랑으로 용납하지 못하고 오히려 판단했던 내 모습이 깨달아졌다. 자매가 나에게는 변화시키려는 대상이었지, 사랑의 대상이 아니었음을 깨닫고 눈물로 회개하는 시간을 가졌다.

그 날 오후에 어떤 식당에서 우연히 그 자매를 만나게 되었다. 서로의 연락처도 나누었다. 나의 사랑없음에 대한 참회개를 한 바로 그 날 자매를 다시 만난 것이다.

며칠 후에 그 자매를 만나서 깊은 이야기를 나눌 수 있었다. 그동안 서로의 전화번호가 바뀌면서 연락이 두절된 것도 알게 되었다.

그 날 만남 가운데 판단이 아닌, 주님의 사랑에 근거해서 깊은 이야기를 나누고 있는 내 모습이 느껴졌다.

'이전에 이러한 사랑과 용납의 마음으로 자매를 양육했더라면 얼마나 좋았을까?'라는 생각을 하며 안타까운 마음이 들었다. 자매가 양육받을 준비가 되지 않은 것이 아니라, 양육자인 내가 사랑의 마음으로 양육할 준비가 되어 있지 않았음을 깨닫게 되었다.

> "만일 여러분이 성경이 기록되어 있는 대로 '네 이웃을 네 몸과 같이 사랑하라' 하신 최고의 법을 지키면 잘하는 것입니다"(야고보서 2:8).

> "[1]내가 사람의 방언과 천사의 말을 하더라도 사랑이 없으면 소리나는 놋쇠와 울리는 꽹과리에 지나지 않습니다.
> [2]내가 예언하는 능력을 가졌고 온갖 신비한 것과 모든

지식을 이해하고 산을 옮길 만한 믿음을 가졌다 하더라도 사랑이 없으면 아무것도 아닙니다.

³내가 가지고 있는 모든 것을 가난한 사람들에게 나눠 주고 또 내 몸을 불사르게 내어준다고 해도 사랑이 없으면 그것이 나에게 아무 유익이 되지 않습니다"(고린도전서 13:1-3).

사모님의 사역은
치유사역이 아니네요!

최근에 어떤 분에게 이런 말을 들었다.

"사모님의 사역은 치유사역이 아니고, 주님과 동행하며 순종하는 사역인 것 같아요."

정말 맞는 말인 것 같다. 주님과 동행하다 보면, 순종할 일이 생기고 그러면서 자연스럽게 치유도 일어나고 역사가 일어나는 것 아닌가.

나는 종종 어떤 목사님들의 설교를 듣다가 '어~ 저건 「재 대신 화관」 내용인데…'라는 생각을 하곤 한다. 그러나 사실 그 내용들은 「재 대신 화관」 내용이라기보다는 주님과 동행하며 순종하는 삶 가운데 자연스럽게 나타나는 모습인 것이다.

하나님께서 '재 대신 화관'이라는 사역의 이름을 붙여주신 것이 사실이다. 하지만 엄밀히 말하면 '재 대신 화관' 사역은 주님과 동행하며 순종하는 즐거운 사역이다.

다시 돌려드려요

오래전에 있었던 일이다. 인도하심을 구하는 기도를 드리는 나에게 하나님이 이렇게 물어보시는 것 같았다.

"이 일을 네가 할 것이냐? 아니면, 내가 할 것이냐?"

주님의 일을 나를 통해서 하시는 게 아닌가 하면서 그 때는 이 질문이 잘 깨달아지지 않았다. 그러나 세월이 지나면서 주님이 하실 때와 내가 하고 있을 때가 분별이 되기 시작했다.

예를 들어, 상담을 할 때 나는 내담자들이 그들의 어렵고 무거운 짐을 하나님께 맡겨 드릴 수 있으면 얼마나 좋을까 생각하면서 그들의 이야기를 듣곤 한다. 그리고 믿음의 언어로 그들을 격려하고 함께 기도하면서 주님이 나를 통해서 상담해 주심을 경험하게 된다.

그런데 그러한 비슷한 상황이 나의 상황이 되고 내 가정의 상황이 되면 이야기는 달라진다. 나도 모르게 마음이 조급해지고 불안해진다. 내담자의 어렵고 힘든 상황을 들을 때는 하나님이 도와주실 것을 믿고 평강 가운데 주님께 맡겨 드렸는데, 막상 내 상황에서는 주님이 이끄시는 것이 아니라 내가 이끌고 있는 것을 발견한다.

그럴 때, 나는 다시 내려 놓는다.

"주님, 또 제가 하려고 했네요. 용서해 주세요. 다시 돌려드려요."

주님과 함께
가는 길

한번은 이런 일이 있었다. 운전을 하고 가는데, 내비게이션에서 우회전을 하라고 했다. 우회전을 해서 가는 길은 돈을 내고 가는 유료도로인 것을 알고 있기에 나는 그냥 앞으로 직진했다. 내비게이션은 계속 우회전 하라고 외치다가 어느 정도 간 후에는 다른 길로 안내하기 시작했다.

그 때 깨달아지는 것이 있었다. 주님도 나에게 바른 길로 늘 안내하고 계실 텐데, 그 인도하심에 귀 기울이지 않고 내 갈 길로 간다면 주님도 어떻게 하실 수 없지 않을까?

우리를 귀한 한 인격으로 조심스럽게 다루시는 주님이 말씀을 통해서, 환경을 통해서, 다른 사람을 통해서 계속 바른 길을 외치셔도 내가 이미 다른 길로 가기로 결정하고 가고 있으니까 말이다.

하나님의 뜻과 상관없이 내 계획으로 나아가는 길은 너무나 힘들고 험난한 길이다. 어디로 가는지 방향도 모르고 방황하는 길이다.

반면에, 하나님의 뜻을 분별해서 나아가는 길 역시 결코 쉬운 길만은 아닌 것 같다. 그 길에서 여전히 어려움을 만나고 고난도 경험한다. 그러나 주님이 인도하시고 이끄시는 길이기에 평강도 누리고, 기쁨도 누리면서 가게 된다.

주님과 함께 가는 길이 즐겁다.

2부
용서해줄 수 있겠니?

용서치 못하고 있음을 발견하다

용서치 못함이라는 묶임

너도 그 사람의 상황을 모른다!

용서함으로 건강이 회복되다

용서해줄 수 있겠니?

딸에게서 드디어 용서를 받다

용서와 축복을 선포하라!

용서치 못하고 있음을 발견하다

한번은 이런 경험을 한 적이 있었다.

친한 친구의 부족한 부분을 위해서 집중적으로 중보기도를 드리고 있었는데, 갑자기 '내가 이 친구를 위해서 왜 이렇게까지 안타까워하며 기도하는 거지?'라는 생각이 들었다.

당연히 친구를 위한 거룩한 중보기도의 부담이겠거니 했는데, 그 때 한 가지 스치는 생각이 있었다.

그 즈음에 내가 그 친구에게 무엇인가를 부탁한 적이 있었는데, 그 친구가 거절했던 일이었다. 나의 부탁이 거절 당했을 때, 나는 섭섭한 마음 가운데 친구를 용서하지 못하고 있었던 것이었다.

나는 바로 회개와 용서의 기도를 드렸고, 마음이 너무나

편해지는 경험을 했다. 사단이 교묘히 묶었던 묶임이 풀어지는 평강의 느낌이었다.

며칠 후에 어느 분을 상담하게 되었다.

십 년 된 친구와 너무나 안 맞는 부분이 많아서 교제를 끊고 싶은데, 어떻게 하면 좋겠느냐는 것이었다.

나는 그분에게 며칠 전에 회개와 용서를 통해 평강을 회복했던 나의 간증을 나눴다. 나의 간증을 다 듣고나서 그분이 미소를 지으며 말했다.

"사모님의 간증을 들으면서 저는 제 친구에게 섭섭했던 사건 세 가지를 발견했어요. 이제 회개와 용서만 하면 될 것 같아요."

"우리가 우리에게 죄 지은 모든 사람을 용서하오니 우리 죄도 사하여 주시옵고 우리를 시험에 들게 하지 마시옵소서 하라"(누가복음 11:4, 개역개정).

용서치 못함이라는 묶임

우리가 누군가를 용서하기 힘들어하는 것은 그만큼 아팠기 때문일 것이다. 왜 용서할 수가 없는지 근본 원인을 찾는 것이 중요하다.

아픔이 건드려질 때 우리는 우리도 모르는 사이에 자신을 보호하는 행동을 하게 된다. 그러한 보호행동들은 대부분이 죄악된 행동들이고, 죄로 연결되기가 쉽다. 이러한 죄를 틈타서 악한 세력들이 우리를 공격하기 때문에 먼저 회개함으로써 악한 세력에게 주었던 모든 근거를 철회하는 것이 중요하다.

죄는 회개할 때만 소멸된다. 그리고 용서기도를 선포함으로써 용서치 못함의 묶임, 판단의 묶임으로부터 자유를 얻게 된다.

얼마 전에 하루를 정리하면서 주님께 편지형식으로 일기를 써내려가는데, 오전에 만났던 자매가 생각이 났다. 자매의 자녀양육에 관한 어려운 상황을 들으면서 겉으로는 중보하겠다고 말했지만, 마음속으로는 '그렇게 일을 많이 하고 바쁘게 지내면서 기도를 안 하니까 그렇지!' 하고 판단했던 내 모습이 깨달아졌다.

가정형편 때문에 열심히 일을 해오던 자매는 최근에 아이와 더 시간을 보내려고 일하는 시간도 줄이고 애를 썼지만, 아이에게는 별다른 변화가 없었다. 그러면서 늘 일만 하고 살아오다가 일을 줄이니까 오히려 시간이 남는 것도 같고 외롭기도 하다며 힘들다고 했다.

나는 바로 회개했다. 판단이라는 묶임 가운데 있을 때는 상대방을 진정으로 보지 못할 때가 종종 있다. 그런데 회개를 통해서 판단의 묶임이 풀어지자 그 자매의 상황이 보이기 시작했다.

'아~ 자매가 안 하는 게 아니라 못하고 있는데, 나는 거기에다 판단이라는 화살을 쏘아붙이고 있었구나!' 하고 깨달아졌다. 그리고는 그 자매와 자녀를 위해서 진심으로 중보기도를 드렸다.

> "서로 인자하게 하며 불쌍히 여기며 서로 용서하기를 하나님이 그리스도 안에서 너희를 용서하심과 같이 하라"(에베소서 4:32, 개역한글).

너도 그 사람의 상황을 모른다!

한번은 나의 상황을 잘 모르는 어떤 분에게 오해를 받은 적이 있었다. 그분을 찾아가서 내 상황을 설명하고 오해를 풀고 싶은 마음이 굴뚝 같았다. 그런데 그 이야기를 전해준 분을 생각하니 그럴 수도 없어서 너무나 마음이 답답했다.

나는 하나님께 나아가 기도했다.

"하나님, 그분이 제 상황도 모르면서 오해를 하니 어쩌면 좋아요?"

원통함을 호소하는 나에게 하나님이 마음 가운데 말씀하시는 것 같았다.

"너도 그 사람의 상황을 모른다!"

'맞아. 나도 그 사람의 상황을 모르지. 그 사람도 나의 상황을 모르는 가운데 오해를 했겠구나!'라는 생각이 들면서 갑자기 마음이 풀렸다.

며칠 후에 나는 작은 선물을 준비해서 그분을 찾아갔다.

그로부터 몇 개월 후, 그분은 다른 지역으로 이사를 가게 되었다.

이사 가기 며칠 전에 함께 식사를 하는데, 그분이 놀라운 이야기를 전해주었다.

"이전에 제가 사모님에 대해 마음이 힘들었던 적이 있었어요. 그런데 어느 날 그 힘든 마음이 갑자기 사라져버리는 거예요. 참 신기했지요. 나중에 제가 오해한 사실을 알게 되었고, 꼭 용서를 구하고 싶었어요."

나는 너무도 놀라와서 단숨에 물어보았다.

"이전에 제가 작은 선물을 드린 적이 있는데, 혹시 힘들었던 마음이 사라진 시점이 그 즈음인가요?"

그런데 그분은 나에게 선물을 받은 것조차 기억하지 못하고 있었다.

그러나 나는 깨달아졌다. 내가 그녀를 이해하며 용서의

마음을 가졌을 때, 마치 팽팽한 고무줄이 끊어지듯 그녀의 마음에 오해 가운데 묶여 있었던 용서치 못하는 마음이 끊어졌다는 것을 말이다. 할렐루야!

우리에게는 이러한 놀라운 용서의 특권이 있다.

"남을 판단하지 말아라. 그러면 너희도 판단을 받지 않을 것이다. 남을 죄인으로 단정하지 말아라. 그러면 너희도 죄인 취급을 받지 않을 것이다. 남을 용서하여라. 그러면 너희도 용서를 받을 것이다"(누가복음 6:37).

용서함으로 건강이 회복되다

한번은 몸이 너무나 쇠약해져서 힘들어하는 자매를 상담한 적이 있다.

자매의 이야기를 들으면서 그녀의 마음속 깊은 곳에 남편을 용서하지 못하고 있음이 깨달아졌다.

나는 자매에게 이렇게 권유했다.

"우리의 영·혼·육은 아주 밀접한 관계가 있어요. 우리가 누군가를 용서하지 못할 때 우리의 마음뿐만이 아니라, 몸에도 영향을 줘요. 어차피 우리에게 용서할 권리가 있는 게 아니니까 예수님의 이름으로 용서를 선포하고 마음과 몸의 평강을 누리시기 바래요."

한동안 망설이던 자매가 드디어 "예수님의 이름으로 나

를 힘들게 했던 남편을 용서하고 축복합니다!" 하고 선포했다.

그 후 그 자매에게 일어난 변화는 실로 놀라웠다.

용서기도를 선포하는 중에 마치 큰 나무 뿌리가 마음속에서 뽑혀나가는 것 같았고, 기쁨이 몰려오기 시작했다.

그 후에 계속적인 용서의 선포를 통해 몸이 회복되기 시작했고, 지금은 남편과 함께 아름다운 가정을 꿈꾸며 살고 있다.

하나님이 우리에게 허락하신 용서의 특권은 이렇듯 너무 귀하다.

"[13]누가 뉘게 혐의가 있거든 서로 용납하여 피차 용서하되 주께서 너희를 용서하신 것과 같이 너희도 그리하고

[14]이 모든 것 위에 사랑을 더하라 이는 온전하게 매는 띠니라"(골로새서 3:13-14, 개역한글).

용서해줄 수 있겠니?

내가 상담을 시작하게 된 계기는 외국에 나와 살면서 남편이 근무하는 국제학교를 통해 비자를 받으면서부터였다. 영어로 수업을 진행하는 학교에 다니던 주재원 부인들이 그들의 자녀문제로 도움이 필요하게 되면서 영어가 가능한 나와의 만남이 시작되었다.

그분들의 자녀문제를 들으면서 나는 이렇게 제안했다.

"부모인 우리 자신을 먼저 돌아보도록 하지요."

나의 간증책 「우리 동네 중보팀은 날마다 응답이다」에서 나누었던 것처럼, 현재 우리의 자녀에게 나타나는 많은 어려움에는 부모인 우리가 알게 모르게 주었던 아픔이 있는 것을 보게 된다.

어느 부모가 자녀를 아프게 하고 싶겠는가?

그러나 생각없이 했던 부모의 말과 행동들이 어린 마음에 자리를 잡고 아픔으로 뿌리내리고 있는 것을 발견하게 된다.

여기에 좋은 처방책이 있다.

다시 그 때의 상황으로 돌아가서 용서를 구하는 것이다.

특히 용서를 구할 때 그냥 "미안해"라고 하는 것보다 그 당시에 왜 그랬는지 자세히 설명하면서 "엄마를(아빠를) 용서해줄 수 있겠니?" 하고 용서를 구해보라.

이해가 되면 용서가 되기 때문이다.

자녀들이 부모를 용서하기 시작하면서 회복과 자유를 경험한 많은 간증사례가 있다.

"용서해줄 수 있겠니?"

너무나 가슴 설레는 말이다.

"[21]그 때에 베드로가 나아와 가로되 주여 형제가 내게
 죄를 범하면 몇 번이나 용서하여 주리이까 일곱 번

까지 하오리이까

[22]예수께서 가라사대 네게 이르노니 일곱 번 뿐 아니라 일흔 번씩 일곱 번이라도 할찌니라"(마태복음 18:21-22, 개역한글).

딸에게서
드디어 용서를 받다

2009년부터 '재 대신 화관'이라는 치유와 회복 사역의 강사로 섬기게 되면서 나 자신의 삶에도 많은 회복이 일어났다.

부모님이 바라시던 아들이 아닌, 둘째딸로 태어나서 알게 모르게 거절감에 대한 두려움 속에서 남을 많이 의식하며 살아왔었다.

그랬던 내가 하나님께서 나를 "…놀랍고 신기하게 …"(시 139:14) 지으셨으며, 나를 "…소중하고 귀한 존재 …"(사 43:4)로 여기신다는 진리를 머리로만이 아닌, 마음으로 받아들이면서 삶에 많은 변화를 경험했다.

나는 이러한 회복을 경험하면서 나의 두 딸에게 용서를

구했다. 임신 중에 아들이었으면 하고 바라면서 두 딸에게 거절감을 준 것을 용서해 달라고 했다.

둘째 딸은 흔쾌히 용서해 주었다. 그런데 큰딸은 엄마 잘못이 아니라면서 괜찮다고 했다.

나는 안타까운 마음으로 큰딸에게 이렇게 이야기했다.

"네가 엄마 뱃속에서부터 거절을 당했기 때문에 엄마를 용서함으로써 거절감에 대한 두려움의 묶임을 끊는 거야."

설명을 들은 큰딸이 고개를 끄덕였고, 우리는 함께 기도를 드렸다.

주님, 저희 부모님이 저를 거절했습니다. 제 마음에 받았던 상처들이 깨끗하게 없어지면 좋겠습니다. 부모님을 용서합니다. 부모님을 축복해 주십시오. 예수님의 이름으로 기도합니다. 아멘.

기도를 하면서 큰딸이 너무나도 서럽게 울기 시작했다.

희생으로 나를 키워주신 부모님을 내가 무슨 권리로 용서할 수 있을까 생각하며 기도를 드렸는데, 마음속에 묶여 있던 깊은 거절감이 녹아지면서 한없이 눈물을 흘렸다.

나는 너무나 감사했다. 큰딸이 거절감의 묶임에서 자유를 얻은 것이 너무나도 기쁘고 감사했다.

"너희는 이같이 요셉에게 이르라 네 형들이 네게 악을 행하였을찌라도 이제 바라건대 그 허물과 죄를 용서하라 하셨다 하라 하셨나니 당신의 아버지의 하나님의 종들의 죄를 이제 용서하소서 하매 요셉이 그 말을 들을 때에 울었더라"(창세기 50:17, 개역한글).

용서와 축복을
선포하라!

한번은 어느 자매가 질문을 했다.

"어떤 사람을 이미 용서했는데, 제 마음 한구석에 자꾸 섭섭한 감정이 느껴질 때가 있어요. 이럴 때 어떻게 하면 좋을까요?"

사실 우리에게는 용서할 자격이 없다. 그래서 예수님의 이름으로 용서를 선포하는 것이다. 그렇게 용서를 선포했지만, 다시 섭섭한 감정이 올라올 때는 또 다시 용서를 선포하라. 그리고 축복도 함께 선포하라.

마음으로 상대방을 축복하기 시작할 때 섭섭했던 감정이 녹아내리기 시작할 것이다.

한번은 남편을 용서하지 못해서 계속 힘들어하는 자매에게 이런 제안을 한 적이 있다.

"용서가 안 되는 상황들을 종이에 하나 하나 적어서 용서와 축복의 기도를 드려보세요."

며칠 후에 자매에게서 전화가 왔다.

"사모님, 용서가 안 되는 상황을 벌써 100가지나 적었어요."

전화를 받은 내 마음이 너무 아팠다. 마음속의 많은 상처들로 인해 남편을 용서하는 일이 쉽지 않았음이 깨달아졌다. 자매는 100가지 상황 하나 하나를 떠올리면서 예수님의 이름으로 남편을 용서하고 축복하는 기도를 선포하기 시작했다.

그렇게 기도를 시작한 지 얼마 되지 않아 자매는 남편을 진정으로 용서하기 시작했고, 남편의 삶에도 변화가 일어나기 시작했다. 할렐루야!

어린 시절 아버지로부터 받았던 상처 때문에 힘들어하는 분을 상담한 적이 있다.

"어려운 환경 가운데 자수성가 하신 아버지였어요. 그래서 스스로 많은 상처가 있으셨죠. 그러다보니 우리 자녀들에게도 상처를 주셨구나 하는 것을 알아요. 용서하고 축복해야지 하면서도 아버지에 대한 원망과 섭섭한 감정이 쉽게 내려놓아지지 않아요."

자매는 눈물을 흘리면서 말했다.

사실 불신자인 자매의 아버지는 많은 기도가 필요한 중보기도 대상자임에도 불구하고 아버지를 위해 중보하면서 기도를 쌓아야 할 딸은 상처의 아픔 가운데 중보기도는커녕 오히려 미움과 용서하지 못함으로 묶여 있는 상황인 것이다. 사단은 이렇게 우리를 교묘히 방해하면서 우리의 영적인 눈을 가리운다.

자매는 다시금 예수님의 이름으로 아버지를 용서하고 축복하는 기도를 선포하고, 앞으로 아버지를 위해서 기도를 더욱 쌓기로 결단했다.

 주님, 아버지가 어린 시절에 저를 많이 힘들게 했습니다. 제 마음에 받았던 상처들이 깨끗하게 없어지면 좋겠습니다. 아버지를 용서합니다. 아버지를 축복해 주십시오. 예수님의 이름으로 기도합니다. 아멘.

> "그러나 너희 듣는 자에게 내가 이르노니 너희 원수를 사랑하며 너희를 미워하는 자를 선대하며 너희를 저주하는 자를 위하여 축복하며 너희를 모욕하는 자를 위하여 기도하라"(누가복음 6:27-28, 개역한글).

3부

상담

사탕 세 알

기도가 안 돼요

건강 염려증

분노의 뿌리

분노의 견고한 진

말말말!!

낭비가 없는 고난

사탕 세 알

　상담을 하다 보면 장남, 장녀로 태어나 지나친 책임감에 눌려 내적 고통을 경험하는 분들을 만나게 된다.
　신앙을 가지고 하나님께 짐을 다 내려놓아야 하는데, 스스로 모든 짐을 어깨에 걸머지고 최선을 다하면서 힘들어 하곤 한다.

　수년간 병마로 고생하다가 많이 회복된 자매를 만난 적이 있다. 평소에도 이 자매는 모든 일에 최선을 다하면서 너무나 많은 일에 지쳐있곤 했다.
　어느 날 건강이 많이 회복된 후에 우리집을 찾아온 자매의 어깨에는 맛있는 음식들이 잔뜩 메어져 있었다.
　나는 자매에게 물었다.

"자매님, 아직 건강이 완전히 회복된 것도 아닌데 이렇게 많은 음식을 준비하시느라 무리하신 건 아니에요?"

나는 너무나 고마웠지만, 지나치게 애쓴 자매가 안쓰러워서 이렇게 질문을 했다.

"자매가 장녀로 살아가면서 늘 책임감을 느끼며 힘든 건 아닌지요?"

"맞아요."

자매는 고개를 끄덕였다.

"오히려 지난 몇 년간 병마로 고생했던 기간에 평안함을 많이 누리고 살았어요."

나도 고개를 끄덕였다.

"맞아요. 장녀로서의 책임감 가운데 최선을 다하고 살면서 몸이 힘들었을 수 있지요. 하지만 병마로 고생하실 때는 아무리 최선을 다하려 해도 할 수가 없잖아요. 침대에 누워 있으니까요. 그 때 드디어 자매의 영이 쉼을 경험하고 평안함을 누린 건 아닐까요?"

나는 자매와 함께 기도했다.

"하나님, 자매가 장녀로 살면서 책임감을 갖게 된 어떤 상황이 있었다면 기억나게 해 주세요."

기도를 마친 자매에게 생각나는 일이 하나 있었다.

자매가 예닐곱 살 때 일이었다. 하루는 엄마가 자기에게 사탕 세 알을 주면서 "이 사탕은 동생들 주지 말고 꼭 니가 먹으렴" 하고 말씀하셨다. 이유인즉, 늘 동생들에게 양보하는 큰딸이 안쓰러우셨던 것이었다.

그런데 자매는 결국 사탕을 먹지 않았는데, 이 사실을 안 엄마에게 오히려 책망을 들었던 일이 기억이 났다.

나는 자매에게 "그 때 왜 사탕을 먹지 않았어요?" 하고 물었다.

"저의 부모님은 늘 바쁘셨고, 그래서 제가 동생들을 돌보며 놀아줘야 했어요. 놀다가 동생들끼리 서로 많이 싸웠는데 그때마다 울면 제가 사탕을 주면서 달래야 했거든요."

나는 자매와 함께 책임감과 부담감을 거절하는 기도를 드렸다.

예수님의 이름으로, 나는 내가 믿었던 내 자신에 대한 이름인 맏딸로서의 책임감과 부담감을 거절합니다. 예수님의 이름으로 명하노니, 어려서 동생들을 돌보면서 갖게 된 책임감과 부담감을 통해서 공격하는 악한 영은 떠나갈지어다! 예수님의 이름으로 기도합니다. 아멘.

기도가
안 돼요

　간절한 기도 제목이 있음에도 불구하고, 하나님 앞에 나아가 기도 드리는 것이 어렵다며 상담을 요청한 자매가 있었다. 나는 그 자매의 어려운 상황을 열심히 경청했다. 그 후에 함께 문제의 근원을 찾아보았다.

　"하나님 앞에 간절한 기도의 제목을 가지고 나아가는 게 왜 이렇게 힘들까요?" 하면서 자매와 함께 기도를 드리는데 자매에게 어린 시절의 한 장면이 생각났다.

　자매가 어렸을 때 유치원에서 수업을 마치고 집에 가는데, 여러 친구들이 아이스크림을 맛있게 사 먹는 것을 보았다. 아버지가 퇴근하고 오시면 아이스크림을 사 주실 것을 기대하면서 저녁 내내 아버지를 기다렸는데, 늦게 집에 오신 아버지가 아이스크림을 사 주지 않으셨던 일이 생각난 것이었다.

"그 때 너무 실망했겠어요."

나의 말에 자매가 대답했다.

"아니에요. 늘 가난했던 아버지라 사 주실 수 없었다고 받아들였던 것 같아요."

자매의 이야기를 들으며 깨달음이 왔다.

자매의 아버지로서는 어린 딸이 아이스크림을 먹으면 배가 아플까봐 사 주지 않으셨을 수도 있는데, 늘 가난한 아버지를 이해했던 자매는 그렇게 먹고 싶던 아이스크림을 사 주지 않으신 아버지를 다시금 이해하고 받아들였던 것이다.

그러다보니 우리의 영의 아버지이신 하나님께 나아갈 때도 먼저 이해해드리며 '나에게 필요하면 오죽 알아서 주실텐데…'라는 마음의 생각에 계속 묶인 채 하나님께 나아가지 못하고 있는 것은 아닌가 하는 깨달음이었다.

나는 자매와 함께 기도를 드렸다.

예수님의 이름으로, 나는 '하나님이 나를 도와주실 수 없는 분'이라는 거짓을 물리칩니다. 나는 내가 이 거짓을 믿었을 때 사탄이 얻었을지도 모르는 어떠한 근거도 철회합니다. 그리고 나는 하나님이 나를 도와주시며 돌보아 주시는 분이라는 하나님에 대한 진리를 믿습니다. 예수님의 이름으로 자유를 선포합니다. 예수님의 이름으로 기도합니다. 아멘.

건강 염려증

건강에 대해서 지나치게 염려하는 어느 자매를 상담한 적이 있다. 이미 세 명의 자녀를 키우고 있던 이 자매의 어머니는 이 자매를 임신한 것을 알게 된 후에 여러 차례 유산을 시도했다. 그러나 하나님의 은혜로 이 자매는 태어나게 되었다.

나는 자매가 어머니의 모태 안에서 받았을 수 있는 거절감과 죽음에 대한 두려움에 대해서 나누었다. 그 두려움이 결국 건강에 대해 예민한 반응을 갖게 했을 수 있음을 자매는 받아들였고, 함께 거절감과 두려움을 포기하는 기도를 드렸다.

예수님의 이름으로 나는 내가 믿었던 내 자신에 대한 이름인 거절감과 죽음에 대한 두려움, 거절당하지 않으려고 지나치게 남을 의식하며 살아온 것, 건강에 너무 집착했던 것 등을 거절합니다. 예수님의 이름으로 명하노니 모태에서부터 시작된 거절감과 죽음에 대한 두려움, 거절당하지 않으려고 지나치게 남을 의식하며 살아온 것, 건강에 너무 집착했던 것 등을 믿게 한 악한 영은 떠나갈지어다! 나는 내가 이 이름을 받아들였을 때 사단이 얻었을지도 모르는 어떠한 근거도 철회합니다. 그리고 '나는 주님의 귀한 자녀'라는 주님이 내게 주신 의로운 이름을 믿습니다. 예수님의 이름으로 자유를 선포합니다. 예수님의 이름으로 기도합니다. 아멘.

분노의 뿌리

자신의 일이 아님에도 불구하고 불공평한 상황을 보면 쉽게 분노한다는 자매를 만난 적이 있다. 자매는 자신의 성품을 좋은 성품이라고 생각하며 살아왔다.

그런데 최근에 어떤 상황에서 너무도 쉽게 분노하는 자신을 보면서 자신에게 어떤 다른 문제가 있는 건 아닌지 상담을 요청해 왔다.

상담을 할 때, 나는 가능하면 충분히 내담자의 이야기를 들어주려고 한다. 이야기를 충분히 들은 후에는 함께 기도하면서 그 문제의 근원(뿌리)을 찾으려고 노력한다. 결국 치유하시는 분은 성령님이시기 때문이다.

"하나님, 자매가 불공평한 상황을 접할 때마다 쉽게 분노할 만한 어떤 아픔의 상황이 있었다면 기억나게 해주세요."

기도가 끝나고 자매는 별로 중요하지 않은 어떤 작은 일이 생각났다고 했다. 그러나 우리는 기도 중에 든 생각에 민감할 필요가 있다.

"어릴 때 집이 가난해서 방 한칸에 온 식구가 살았었는데, 어느 날 주인 집 딸과 놀다가 그 아이가 다친 적이 있어요. 제가 잘못한 건 없었고, 그 아이가 놀다가 부주의로 다친 거였는데, 그 날 엄마에게 무척이나 혼났던 일이 생각나네요."

자매와 함께 그 당시의 억울했던 감정들을 거절하는 기도를 드렸다.

예수님의 이름으로, 나는 내가 믿었던 내 자신에 대한 이름인 억울함의 감정들을 거절합니다. 예수님의 이름으로 명하노니 어릴 때 가난하다는 이유로 겪었던 억울함의 감정을 통해서 공격하는 악한 영은 떠나갈지어다! 예수님의 이름으로 기도합니다. 아멘.

상담을 마치고 두 주 후에 자매로부터 전화를 받았다.

"사모님! 정말 신기할 정도로 제 분노가 사라졌어요. 불공평한 일을 봐도 전과 같이 화가 나지 않고 오히려 이해하려는 마음이 생겼어요. 분노의 뿌리를 찾는 것이 이렇게 중요하네요. 사모님, 감사해요."

# 분노의
 견고한 진

오랜 세월 자신의 분노의 감정을 다루지 못해 힘들어 했던 한 형제가 있었다. 상담 중에 형제는 어린 시절 아버지가 돌아가신 후, 극심한 가난 가운데 성장하면서 세상에 대한 원망과 억울함의 감정에 묶여 살아온 것을 발견했다. 그와 함께 원망과 억울함의 감정을 포기하는 기도를 드렸다.

그 후에 그는 마음의 평강과 기쁨을 찾았다. 하지만 오랜 세월 동안 견고한 진으로 형성된 묶임이어서인지, 가끔씩 어릴 때 느꼈던 감정이 건드려질 때마다 마음속에 분노가 다시 느껴지곤 했다.

온전한 치유는 없는 것인가 생각하며 우울해하던 어느 날, 형제는 다시 진리의 기도를 선포하며 주님께 나아갔다.

그 날 기도 가운데 몇 가지 장면들이 기억이 났다.

형제는 그 당시의 거짓의 감정을 버리고 진리로 대체하는 기도를 하기 시작했다. 기도를 선포하고 한 주간을 지내는 동안, 이전 같으면 분명히 분노를 냈을 상황임에도 전혀 화가 나지 않는 자신을 발견하면서 마음에 기쁨과 평강이 넘쳤다.

이렇게 성령님은 때가 되면, 우리의 상한 마음을 기억나게 하시고, 기도를 통해서 견고한 진도 무너뜨리시며 우리를 회복의 길로 이끄신다.

"우리의 싸우는 무기는 육신에 속한 것이 아니요 오직 어떤 견고한 진도 무너뜨리는 하나님의 능력이라 모든 이론을 무너뜨리며"(고린도후서 10:4, 개역개정).

말말말!!

"여호와 하나님이 흙으로 온갖 들짐승과 새를 만드시고, 아담이 어떻게 이름을 짓나 보시려고 그것들을 그에게 이끌고 가시니 아담이 각 생물들을 부르는 것이 바로 그 생물들의 이름이 되었다"(창세기 2:19).

아담이 부르는 이름이 각 생물의 이름이 된 것이다.
말씀으로 천지를 창조하신 하나님의 형상으로 지어진 우리들의 말에는 능력이 있다. 우리의 입에서 믿음의 능력의 말씀들이 선포되어질 때 얼마나 많은 역사가 일어날까.

온 가족을 데리고 외국으로 나가게 된 한 형제를 상담한 적이 있었다. 이런 저런 이야기를 나누다가 "형제님 가정을 향한 하나님의 놀라운 계획이 있으실 줄 믿어요"라고 말하는데, 갑자기 그 형제의 눈이 크게 떠지는 듯한 느낌을 받았다.

내가 한 말 속에 포함된 진리의 말씀을 자신의 것으로 받아 꿀꺽 삼키는 모습이었다.

우리가 하는 말을 스스로 들으면서 우리는 낙심할 수가 있다. 예를 들어, 아침에 일어나서 "아~ 피곤해" 하고 생각 없이 한 말을 들으면 더 피곤해질 수 있다.

반면에 "오늘도 새 날을 주신 하나님을 찬양합니다!" 하면서 하루를 시작한다면 새로운 힘을 얻게 된다.

'재 대신 화관' 사역을 하면서 절실히 느끼는 것 중에 하나가 말의 힘이다. 어려서 무심코 부모님께 들었던 말들이 어린 마음에 상처로 자리잡고 그 말에 묶여서 오랜 세월 사는 모습들이 안타깝다.

"따뜻하고 부드러운 말은 생명 나무와 같아도 잔인한
  말은 사람의 마음을 상하게 한다"(잠언 15:4).

"그러나 입에서 나오는 것은 마음에서 나오는 것이다…"라고 마태복음 15:18에서 말씀하고 있다.

우리의 마음이 주님의 말씀으로 정화되고 씻겨질 때, 우리의 입술을 통해서 다른 사람들을 격려하고 일으키는 능력의 말씀이 선포될 것이다.

낭비가 없는 고난

이혼 직전에 있던 자매를 상담하면서 전도한 적이 있었다. 그녀는 예수님을 영접하고 치유와 회복을 경험하면서 삶에 놀라운 변화가 일어났다. 그 자매는 자기처럼 이혼의 위기에 있는 여러 자매들을 상담해 달라고 내게 부탁하기 시작했다.

한번은 아예 가방을 싸서 집을 나온 자매를 내게 데리고 왔었다. 그 모습을 보면서 깨달아지는 것이 있었다.

'나라면 저렇게 가방까지 싸가지고 집을 나온 사람을 도와주려 했을까? 그녀는 같은 아픔을 경험했기에 어느 누구보다 그 친구의 아픔을 이해하고 함께 아파하는구나.'

나는 그녀의 친구를 상담했고, 그 친구는 짐을 가지고 집으로 돌아갔다. 할렐루야!!

지난 날의 우리의 힘들고 어려웠던 고난의 삶은 하나도 버릴 것이 없다. 우리를 힘들게 했던 고난을 통해 오히려 하나님 아버지의 마음을 소유하게 되고, 같은 어려움을 겪는 자들을 도울 수 있게 된다.

송명희 시인의 찬양이 생각난다.

> "나 가진 재물 없으나 나 남이 가진 지식 없으나
> 나 남에게 있는 건강 있지 않으나
> 나 남이 없는 것 있으니
> 나 남이 못 본 것을 보았고 나 남이 듣지 못한 음성 들었고
> 나 남이 받지 못한 사랑 받았고 나 남이 모르는 걸 깨달았네
> 공평하신 하나님이 나 남이 가진 것 나 없지만
> 공평하신 하나님이 나 남이 없는 것 갖게 하셨네."

고난과 역경을 통해 주님과 더 깊이 교제하며 친밀함을 경험하는 송명희 시인의 모습이 귀하다.

"자비의 아버지시며 모든 위로의 하나님이신 우리 주 예수 그리스도의 아버지 하나님을 찬양합니다 그분은 온갖 고난을 겪는 우리를 위로해 주십니다. 그래서 우리가 하나님에게 받는 위로로 고난당하는 사람들을 위로할 수 있게 하십니다. 그리스도의 고난이 우리 생활에 넘치듯이 우리의 위로도 그리스도를 통해 넘치고 있습니다. 우리가 고난을 받아도 여러분의 위로와 구원을 위한 것이며 우리가 위로를 받아도 여러분의 위로를 위한 것입니다. 이 위로는 여러분이 우리가 당하는 것과 같은 고난을 견뎌내는 데 도움이 됩니다"(고린도후서 1:3-6).

4부
기도

믿음의 기도

기도의 능력

중보기도의 능력

하나님과의 친밀함을 경험하는 시간

기도 선포의 중요성

믿음의 기도

「우리 동네 중보팀은 날마다 응답이다」라는 나의 간증책에서 새벽에 깨워주시는 하나님에 대해서 나눈 적이 있다. 그 간증을 읽은 분들 중에 가끔씩 소식을 보내는 분들이 있다. 그들의 삶 속에서도 새벽에 깨워주시는 하나님을 경험하고 있다는 것이었다. 주님께 정말 감사드린다.

얼마 전에 외국에서 열렸던 「재 대신 화관」 세미나를 참석했던 한 자매가 자신의 어려운 친정이야기를 해주었다.

자매의 부모님은 두 분 다 치매로 어려움을 겪고 계셨는데, 최근에 부모님을 돌보던 오빠마저 우울증으로 힘들어한다는 거였다. 자매는 자신의 친정을 생각할 때마다 낙심과 절망이 밀려온다며 한숨을 쉬었다.

나는 자매에게 이렇게 말했다.

"자매가 만약 한국에 계속 있었다면 친정의 어려운 상황 속에서 헤어나오지 못하고 많이 힘들었을 거예요. 어쩌면 하나님이 자매를 그 상황 가운데서 꺼내서 이곳 외국으로 데리고 나오셨을지도 몰라요. 이제 이곳에서 자매가 치유받고 믿음의 중보기도자로 회복되어 친정을 위해서 믿음의 기도를 선포하기 시작할 때 놀라운 역사가 일어날 거예요."

믿음의 기도는 능력이 있다.

예수님도 자신의 고향에서는 환영받지 못했고, 많은 기적이 일어나지 않았다. 동네 사람들은 예수님의 지혜 있고 권세가 있는 말씀을 들으면서도 "어~ 저 사람은 목수잖아. 마리아의 아들이잖아"라고 하면서 예수님을 배척했다.

"예수님은 '예언자가 고향과 친척과 자기 집에서는 존경을 받지 못한다' 하시고 거기서는 아무 기적도 베풀 수가 없어서 병자 몇 사람에게만 손을 얹어 고쳐 주셨다. 예수님은 그들이 자기를 믿지 않는 것을 보고 놀라지 않을 수 없었다. 그 후 예수님은 여러 마을을 다니며 가르치셨다"(마가복음 6:4-6).

그런데 예수님이 방문한 다른 지역들은 달랐다. 예수님의 옷자락이라도 만지려고 많은 사람들이 몰려들었다. 예수님의 옷자락만 만져도 그들의 병이 나을 것이라는 믿음이 그들에게 있었다. 결국 예수님의 옷자락을 만진 모든 사람의 병이 나았다고 성경은 전한다.

믿음이 없었던 예수님의 고향과 달리, 오히려 믿음으로 예수님을 따랐던 다른 지역에서 많은 역사가 일어난 것이다. 이렇게 믿음이 귀하다.

누가복음 8장에 보면, 자신의 딸이 거의 죽게 되어서 예수님을 찾아온 한 회당장의 이야기가 나온다. 예수님과 함께 집으로 가던 중에 회당장 집에서 사람을 보내어 이미 딸이 죽었다는 소식을 전한다. 이때 예수님은 "… 두려워하지 말고 믿기만 하라 …"(50절, 개역개정)라고 말씀하신다. 우리에게 두려움이 있는 것은 믿음이 없기 때문이다.

나는 자매와 계속 믿음의 기도에 대해서 나누었다.
"자매가 친정을 위해서 예수님의 이름으로 믿고 기도할

때 자매의 친정을 둘러싸고 있는 어두움의 세력들은 떠날 수밖에 없어요. 예수님의 이름에는 능력이 있기 때문이죠. 그렇지만 자매가 친정을 위해서 믿음도 없는 연약한 마음으로 기도한다면 자매의 친정을 둘러싸고 있는 어두움의 세력들이 마치 이렇게 말하지 않을까요? '우리들도 가짜지만, 저 사람이 하는 기도도 능력이 없어' 그러면서 떠날 생각을 하지 않을 거예요."

우리의 기도가 날마다 응답받기 위해서 중요한 것은 믿음으로 기도하는 것이다. 우리의 기도는 하나도 땅에 떨어지지 않고 하나님 앞으로 올라간다.

> "또 다른 천사가 금향로를 들고 와서 제단 앞에 섰습니다. 그 천사는 모든 성도들의 기도와 함께 보좌 앞에 있는 금제단에 드리려고 많은 향을 받았습니다. 그때 향의 연기가 성도들의 기도와 함께 천사의 손에서 하나님 앞으로 올라갔습니다"(요한계시록 8:3-4).

기도의 **능력**

다른 지역에서 세미나를 인도할 때 있었던 일이다.

세미나 강의를 마치고 곧 상담을 하려고 하는데, 남편에게서 전화가 걸려왔다. 그 당시 작은딸 아이가 미국에 있는 대학에 서류를 접수해 놓고 결과를 기다리고 있던 중이었는데, 그 대학으로부터 서류 하나가 마감 시간이 지났는데도 접수되지 않았다는 이메일을 받았다는 것이었다. 미국과의 시간 차이로 아직 대학에 전화를 못하고 있는 중인데, 아이가 울고 있다면서 전화를 바꾸어주었다.

상담을 해야 하는 시간이라 나는 전화기를 잡고 급히 기도를 했다.

"하나님, 지금의 상황을 다 알고 계시죠? 모든 일을 순조롭게 잘 해결해 주시길 간절히 기도합니다. 예수님의 이름으로 기도합니다. 아멘."

2시간가량의 상담을 마치고 걱정이 되어 딸에게 다시 전화를 했다.

"여보세요~"

딸아이가 전화를 받았다. 아까 울면서 전화를 받던 목소리가 아닌 밝은 목소리였다.

그 때 한 가지 깨달아지는 것이 있었다. 바로 기도의 능력이었다. 전화로 위로를 하고 조언을 해 주는 것보다 함께 기도를 선포할 때 걱정과 근심의 묶임에서 풀려난 것이 깨달아졌다. 할렐루야!

중보기도 사역을 하시는 어떤 분이 이런 질문을 한 적이 있다.

"중보기도 모임에 참석하는 것에 부담감을 가지고 있는 사람들이 있는데, 사모님이 인도하시는 중보기도팀은 어떤가요?"

나는 대답을 하기 전에 먼저 우리 동네 중보팀을 생각해 보았다. 우리 동네 중보팀원들은 모일 때마다 무척 기쁘게

모인다. 기도모임 중에는 본인들의 기도제목을 하나라도 빠트리지 않으려고 한다. 혹시 피치 못할 상황에서 기도모임에 참석하지 못하게 될 때에도 기도제목만큼은 꼭 보내오곤 한다.

왜 그런가 생각해보니 우리 동네 중보팀은 날마다 응답을 받아서인 것 같다.

우리 동네 중보팀의 특징 중 하나는 기도모임 중에 나누었던 기도제목을 가지고 매일 각자의 처소에서 중보한다는 것이다. 중보모임에서 헤어져서도 합심을 하고 있는 것이다. 여러 명의 중보팀원들이 나의 기도제목을 매일 올려드리고 있다고 생각해 보라.

이렇게 서로를 위해 매일 합심하며 믿음으로 기도할 때 큰 능력을 경험하게 된다.

이미 모이고 있는 모임을 활용해서 중보기도를 드리면 좋다. 예를 들어, 구역 모임, 성경공부 모임, 남녀선교회 모임에서 서로의 기도제목을 나누고 매일 그 기도제목을 하나님께 올려드릴 때 서로를 위한 중보기도자가 되는 것이다.

중보기도의 **능력**

중보기도는 준비기도가 아니다. 중보가 시작되는 그 순간부터 실제적인 영적 전쟁을 싸우고 있는 것이다.

한번은 어떤 자매와 일주일 후에 상담을 약속하고 그 주간 내내 그 자매를 위해서 중보기도를 드렸다.

일주일 후에 만난 자매의 이야기를 들으며 나는 너무나 놀랍기도 했고 기뻤다. 나와 상담 약속을 한 그날부터 이상하리만치 마음이 편해지면서 자신의 어려운 상황을 주님께 부탁하기 시작했다는 것이었다. 나를 만나서는 더 이상 상담이 필요하지 않았고, 오히려 간증을 나누며 즐거워했다.

중보기도의 능력을 다시 한 번 실감나게 경험했다.

하나님과의 친밀함을 경험하는 시간

다른 사람에게 중보기도 부탁을 받을 때마다 기도의 제목들은 다르지만, 공통적으로 올려드리는 기도의 내용이 있다.

"자매(형제)가 이 상황을 통과하면서 하나님과 더욱 더 친밀해지길 기도합니다."

간절한 기도제목이 있을 때가 바로 하나님을 경험할 수 있는 좋은 기회이기 때문이다. 하나님께 나아가 기도하면서, 순종하면서 친밀함을 경험하게 된다. 하나님의 뜻을 찾으려면 나의 뜻을 온전히 내려놓아야 하기에 나 자신을 깊이 볼 수 있는 계기가 되기도 한다.

오랫동안 우울증으로 고생하고 있는 형제를 위해서 열심히 중보기도를 하고 있었지만, 온전한 회복이 일어나지 않아서 안타까운 적이 있었다.

어느 날 너무나도 멀쩡히 회복된 형제가 집에 찾아왔다. 나는 너무 기쁘고 궁금해서 재촉하듯 물어보았다.

"무슨 일이 있었던 거예요? 어떻게 회복을 경험하신 거예요?"

형제는 미소를 띠면서 이렇게 대답했다.

"얼마 전에 기도를 하는데 하나님이 이렇게 물어보시는 것 같았어요. '네가 천국에 못 간다 하더라도 나를 섬기겠느냐?' 하고요. 처음에는 무슨 뜻인지 어리둥절했는데, '네가 아무 조건없이 나를 사랑하고 나를 섬기겠느냐?'라는 하나님의 마음이 깨달아졌어요."

그래서 "네, 제가 천국을 못 가더라도 주님을 사랑하고 주님을 섬기겠습니다!" 하고 기도를 하는데, 마치 어떤 구렁텅이에서 나오는 듯한 느낌이 들었고, 그 후부터 **빠른 회복**을 경험했다는 것이었다.

와~ 좋으신 하나님! 우리의 기도를 응답해주시는 하나

님께 나는 진심으로 감사를 드렸다. 그러면서 깨달음의 메시지가 있었다. 결국 본인 자신이 주님과 승부를 봐야 된다는 것이었다.

그렇게 될 때 주님을 친밀히 경험하게 되고, 그것이 바로 우리 주님이 원하시는 일인 것이다.

기도 선포의
중요성

최근에 한 자매님에게 이런 질문을 받았다.

"많은 치유의 모임들이 있는데 '재 대신 화관'의 차별성은 무엇인가요?"

나는 잠시 생각하다가 이렇게 나누었다.

"기도 선포라고 생각해요. 우리 자신에 대한 진리를 많이 알고 있음에도 막상 기도로 선포하는 데까지 나아가지 못하는 분들이 많아요. 우리 자신에 대한 진리를 믿음을 가지고 기도 선포하며 나아갈 때, 거짓으로 우리를 공격해오는 악한 영들을 물리치게 되고, 진리 안에서 평강과 기쁨을 경험하게 되지요."

여러분이 지금 힘들고 어렵다면, 우울하다면, 불안하고 두렵다면, 당장 기도로 선포를 해 보라!

"나는 하나님의 귀하고 보배로운 자녀야!!"라고…

부록

기도문

회개기도

용서기도

고백하고 포기하는 기도

하나님과 관계회복을 위한 기도

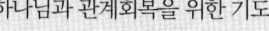

기도문

'재 대신 화관' 사역에서 사용하는 기도문들을 소개한다.

유의할 점은, 기도문 자체에 어떤 특별한 능력이 있는 것이 아니라는 것이다. 예수님의 이름의 능력을 믿고 간절히 기도할 때 치유와 회복의 역사들이 일어날 것이다.

회개기도

나의 죄악된 행위 _____를 고백합니다. 이 죄악된 행위를 회개하고 나의 보호자, 나의 공급자, 그리고 나의 필요와 갈급함을 만족케 하시는 주님께 돌아갑니다. 예수님의 이름으로 이 죄악된 행위를 통해서 사단이 얻었을지도 모르는 어떠한 근거도 철회합니다. 이 죄악된 행위로 다시 빠지지 않고 승리할 수 있게 하시는 성령의 능력과 충만함을 기도합니다. 예수님의 이름으로 기도합니다. 아멘.

★ 예: 불신, 용서치 못한 것, 질투, 비교의식, 다른 사람에게 방어벽 쌓는 것, 우상숭배 등.

용서기도

주님 _____가 저를 _____했습니다. 제 마음에 받았던 상처들이 깨끗하게 없어지면 좋겠습니다.

그를 용서합니다. 그분을 축복해 주십시오. 예수님의 이름으로 기도합니다. 아멘.

고백하고 포기하는 기도

예수님의 이름으로 나는 내가 믿었던 내 자신에 대한 이름인 (예1)_____을 거절합니다. 예수님의 이름으로 명하노니 (예2)_____을 믿게 한 악한 영은 떠나갈지어다! (평강과 확신이 올 때까지 계속 외친다.)
나는 내가 이 이름을 받아들였을 때 사단이 얻었을지도 모르는 어떠한 근거도 철회합니다. 그리고 나는 (예3) "_____"라는 주님이 내게 주신 의로운 이름을 믿습니다. 예수님의 이름으로 자유를 선포합니다. 예수님의 이름으로 기도합니다. 아멘.

★ 예 1: 나는 별로이다, 나는 나쁜 사람이다, 나는 바보다, 나는 하찮은 존재다, 나는 눈에 띄지 않는 작은 존재이다, 나는 쓸모가 없다, 나는 마음에 안 드는 존재이다, 나의 이런 부분이 마음에 안 든다, 나는 애처롭다, 나는 너무 _____하다.
★ 예 2: 엄마 뱃속에서부터 생긴 두려움, 초등학교 때 생긴 열등감.
★ 예 3: 보배로운 보석, 왕 같은 제사장, 거룩한 백성, 가치 있는 자, 아름다운 관, 주님의 기쁨, 예수님의 신부, 영광스러운 자, 주님의 귀한 자녀, 소중한 자, 선택된 자.

하나님과 관계회복을 위한 기도

예수님의 이름으로, 나는 하나님이 _____ (예1: 멀고, 수동적)라는 거짓을 물리칩니다. 나는 내가 이 거짓을 믿었을 때 사단이 얻었을지도 모르는 어떠한 근거도 철회합니다. 그리고 나는 하나님이 _____(예2: 강하신, 돌보시는)라는 하나님에 대한 진리를 믿습니다. 예수님의 이름으로 자유를 선포합니다. 예수님의 이름으로 기도합니다. 아멘.

에필로그

황혼 이혼의 위기를 맞고 있는 어느 노부부를 상담한 적이 있습니다. 지난 반세기 동안의 결혼생활을 통해서 주고받은 아픔이 너무나 커서 이제는 이혼을 고려할 수밖에 없는 상황에 이르게 되었습니다.

상담 몇 주 후에 노부인이 제게 이렇게 말했습니다.

"사모님, 저희 부부관계가 조금씩 회복되고 있어요. 서로에게 힘들어 했던 부분의 근본 원인(뿌리)을 알고 나니까 부부간에 실타래처럼 엉켰던 부분이 풀려지네요. 이제 조금씩 서로를 용서하며 축복하기 시작했어요."

많은 분들과 상담을 하면서 깨닫는 것은 현재 그들이 당면한 문제들은 마치 빙산의 일각에 불과하다는 것입니다. 자신들의 물밑에 자리잡고 있는 더 큰 빙산을 찾는 것이 중요합니다.

제 간증 책 「우리 동네 중보팀은 날마다 응답이다」에서 나누었던 것처럼, 이 책자도 문제의 근원(뿌리)을 발견하게 하기 때문에 기도와 선포를 통해서 많은 사람들이 치유와 회복을 경험하게 될 것입니다.

우리에게는 용서할 자격도 없고, 또한 용서는 과정이지 하루아침에 모든 것이 해결되는 것은 아닙니다. 그래도 우리가 서로를 이해하고 용납하면서 "용서해줄 수 있겠니?"라고 선포할 때 얼마나 많은 아픔과 고통의 실타래들이 풀릴지 상상만으로도 기쁜 마음입니다.

"우리가 우리에게 죄 지은 자를 사하여 준 것 같이 우리 죄를 사하여 주옵시고"(마태복음 6:12, 개역한글).